人の上に立つものの17の心得

佐藤一斎「重職心得箇条」に学ぶ

香川 昇

時事通信社

まえがき

講師としての活動

自衛隊制服組の方々は定年が一般公務員より早くやってきます。一佐（昔の大佐）は五十六歳、二佐・三佐は五十五歳、尉官（尉官以上が幹部、昔の大尉・中尉・少尉）は五十四歳、そして准曹以下の皆さんは五十四歳以下で全員定年となります。

まだ子供さんは就学中の方がほとんどではないかと思います。定年後はほとんど民間企業へ再就職されるのですが、防衛産業等は数に限りがあります。自衛隊には、これらの方々の就職を支援する援護業務課があり、各地方本部でも隊員の就職支援をする担当の皆さんは大変な努力をされています。

航空自衛隊では平成九年、就職支援ボランティア組織（現在の名称は「防衛省空幕就職援護推進委員」）が設置されました。当時私は五十九歳で、出向でホテルの社長をしていたのですが、朋友から〝推薦しておいたから面接に行って欲しい〟と言われ、当時は六本木の防衛省を訪問したのです。要は隊員の定年後の就職支援ボランティアに協力して欲しいとのことでした（ボランティアですから、就職見込企業への訪問のときに係る交通費等も全て個人負担ですし、委任状のみで経費は全く支払われません）。それ以来十八年間、私はいろいろな機会を通じて早期定年のことをPRしたり、防衛産業以外の企業に就職をお世話してきました。

私の父は終戦後中国より少し遅れて復員しました。母は終戦後死亡しましたので、父の実家、岡山県の牛窓（現在は「日本のエーゲ海」と宣伝している）に私を預け、上京しての就職活動に大変苦労していたことを、小学生ながら知っていました。自衛隊の先輩が定年後就職に苦労している姿が多くあることで、自衛隊員に応募する若者や、防衛大学校に進む人が減ったりしては日本国のためにならぬと考え、微力ながらお引受けしようと思ったのが、当時の正直な気持ちでした。

こうして自衛隊と関わりを持ってきた私は、平成十二年からは航空自衛隊業務管理講習所の特別講師に任命され、定年一、二年前の隊員の皆さんに、民間企業に就職されたときの心構え等を講義してきました。十五年間で延べ一万人を超える受講生があったと講習所長より聞いています。

一方、さいたま商工会議所主催の講演会で講師を務めたとき、時事通信社の方が私の講演（テーマ「不変の商いの原点・人間力の向上は人間関係づくりから」）を聞かれ、〝時事通信社主宰の内外情勢調査会という組織には、政治・経済・外交・大学教授・評論家・経営者・スポーツ等々各分野の講師が多く在籍しておられるが、香川さんのように自分が体験・実践してきた具体論の話をされる方はおられるけれども少ない。講師として全国に行って欲しい〟とのお話をいただきました。

私は六十歳で定年後、生命保険ファイナンシャルアドバイザー協会の特別講師として、北海道より沖縄まで活動していましたのでお引受けし、平成十九年以降、時事通信社の講師として団体や企業に、また内外情勢調査会の講師として全国各支部に、既に百カ所近くで講演させていただいてもいます。

内部告発の時代と「重職心得箇条」

私は前述の講師として世相について語るとき、二十一世紀になり「内部告発当り前の時代」になったと述べていました。そのきっかけとなったのは、平成十三年に住友商事の「社員の違法行為を速やかに報告せよ！」という社内の内部告発制度がマスコミにより流れたことでした。住友商事は平成八年に銅の地金で三千億円の損をした経験から、上司・先輩に関係なく、コンプライアンス当り前の時代の先鞭をつけたのです。これを知ったとき私は、今後は内部告発当り前の時代がやって来ると思いました。以後どなたでもご記憶にあるように、内部告発により明るみに出た事件が続発し、今日に至っています（雪印食品・元一級建築士の耐震偽装・ミートホープ・農林省の古米・大阪地検証拠改ざん・尖閣での中国船衝突映像流出・電力会社のやらせ・海上自衛隊員のいじめ・女子柔道選手の告発・千葉県がんセンター・東洋ゴム・高校運動部の体罰・東芝の不適切会計・化血研の不正等々）。

私は講師である一方、内外情勢調査会新宿支部の一メンバーとして、毎月各界の先生の講演を聴いています。多くの講師が、政治家は当然のこととして公務員も、地方創生も、商店街の活性化も、危機管理も、スポーツ界も全て、人の上に立つリーダーが大切だと語っておられます。

今回ご紹介します佐藤一斎の「重職心得箇条」は、現在でも通用するリーダーのための素晴らしい教材だと思っています。しかし佐藤一斎の『言志四録』は多くの識者がご存知ですが、「重職心得箇条」は知らなかったとおっしゃる方が多いのが残念です。

実は私は昭和五十四年四月、故安岡正篤先生より「重職心得箇条」の講義を受けた一人です。先生の教えや住友生命の故新井正明名誉会長の語られたこと、そして私の今日までの人生でこの心得から感じたり役立ったりしたことを少しでも知っていただきたいと思い、時事通信出版局のご協力を得て出版することになりました。

「重職心得箇条」を、航空自衛隊の機関誌『翼』に投稿する機会をはじめ、多くの部隊や奈良の幹部候補生学校で講演させていただくきっかけを与えて下さった空幕の岩成真一元空将様、関西師友協会主催の安岡教学研修会での講演や、機関誌『関西師友』における連載（平成二十七年四月号〜九月号）をすすめて下さった故小原壽昭事務局長様には、心より感謝しています。

特に時事通信社の栢菅英哉様にはさいたま支局長当時、講師として推薦いただいたり、また出版時は内外情勢調査会新宿支部事務局長として、執筆決断の背中を押していただいたことに対し、心より御礼申し上げたいと存じます。

人の上に立つものの17の心得――佐藤一斎「重職心得箇条」に学ぶ◎目次

まえがき　3

第一章　「重職心得箇条」との出逢い　13

新井正明・元住友生命名誉会長のこと　13

安岡正篤先生の講義を受けて　16

「未だ木鶏に及ばず」　18

第二章　「佐藤一斎」という人物　23

佐藤一斎とその弟子たち　23

高弟・山田方谷　26

方谷の業績　30
曽祖父・香川真一の足跡　32

第三章　「重職心得箇条」を読む　35

第一条　人物の条件　37
第二条　大臣たる者の心得　40
第三条　時勢を読む　44
第四条　きまりにこだわらない　46
第五条　機は先に見えるもの　49
第六条　公平を保つ　55
第七条　苛察と小量　57
第八条　忙しくとも口には出さない　58
第九条　罰すること、賞めること　61

第十条　物事の優先順位　62
第十一条　包容の心　64
第十二条　貫くこと、転化すること　66
第十三条　メリハリとバランス　67
第十四条　仕事は簡易に、手数を省く　68
第十五条　風儀は上から起る　69
第十六条　何でも秘密にするのは悪い　71
第十七条　新任リーダーの心得　73
第四章　『言志四録』について　76
第五章　佐藤一斎の郷国「岩村」　81

第六章　自衛隊員と接して　86
第七章　人間力と人物学――リーダーの条件　90
むすび　94
付録「重職心得箇条」原文と口語訳　96
参考文献　110

第一章　「重職心得箇条」との出逢い

新井正明・元住友生命名誉会長のこと

私は住友生命のＯＢです（平成十年三月末に六十歳で退職、講師として独立）。昭和四十六年一月、私が三十三歳のときに東京第一奉仕課長に任命されました。この当時の社長は新井正明という方で、私が入社当時は人事部長をしておられました。

新井は昭和十二年東京帝国大学卒業後、住友生命に入社。昭和十二年十一月、召集令状により、将校ではなく二等兵として出征しました。昭和十四年に勃発したノモンハン事件に参戦し、ソ連軍の大攻勢により負傷。二日後にハイラルの陸軍病院に運ばれ、右足の傷がもとでガス壊疽《えそ》になり膝の上より切断、隻脚《せっきゃく》となられました。一命をとりとめた新井は〝あの戦闘では日本軍は壊滅的打撃を受けたが、生き残った私は幸運だった〟と当時の心境を語っておられました。帰国され東京の陸軍病院に入院、職場には昭和十五年八月に復帰されています（私共が知る新井は肩より義足をつるしておられました）。職場に復帰後、役員より〝遅く出社して早く帰れ！　それでよい！〟と言われましたが、逆に早く出社してよく働かれたとのことです。

新井は、お父様より親交のあった作家の吉川英治先生や安岡正篤先生を紹介され（ご両名とも新井の結婚式に招かれ、安岡先生は主賓、吉川先生も祝辞）、後に安岡先生の高弟となられています。先生主宰の全国師友協会（昭和二十四年発足）に最初からメンバーとして加わり、昭和三十二年の関西師友協会結成時は世話人として、また昭和五十二年より三代目会長として、関西師友協会の確固たる礎を築かれました。

師友会は、東洋思想の普及を目的として設立、各界の指導的地位にある多くの人々に対し、深い薫化を及ぼした団体。全国師友協会は安岡先生が亡くなられた後は先生のご遺志により閉会となりました。しかし関西・姫路・岡山・熊本等地方では今も活動しています。特に関西師友協会（大阪）は月刊誌『関西師友』を発刊し、定期的に研修会も開催する等、活発に活動が続いています（私も読者の一人）。

新井は安岡先生より多くの教えを受けましたが、特に佐藤一斎の「重職心得箇条」に感銘を受けておられたようです。社長当時、新任の課長や新支社長に自らこの心得を講義されていました。当時配付されました小冊子は今でも持っていますが、当初は難しい字のカナフリが大変でした。昭和四十七年に武蔵野支社長に任命されたときも、私は他の新任支社長と共にこの講義を受けました。その後、本社の教育部・業務部の課長を経験しましたが、新任者の世話役として聴く機会もあり、前回と難しい字の読み方が違う？　と気付くこともありました。住友生命の当時の幹部職員の多くは新井の「重職心得箇条」の講義を聴いていますが、私は住友生命の中では多回数講義を受けた一人かなと自負しています。

〈新井正明元名誉会長の足跡〉

平成十五年十一月没　九十歳

昭和四十一年　住友生命社長

昭和四十八年　生命保険協会会長

昭和五十二年〜平成十五年　関西師友協会会長

昭和五十四年　住友生命会長

昭和六十一年　住友生命名誉会長

松下政経塾理事長・関西経済同友会代表・大阪防衛協会会長等　歴任

安岡正篤先生の講義を受けて

新井が昭和五十四年四月の全国支社長会議に安岡先生をお招きし、先生自ら「重職心得箇条」の特別講演をしていただきました。

当時の安岡先生は八十二歳とご高齢でしたが、ハリのある声で一条一条を読まれ、解説して下さいました。特に私が印象深かったのは、そのときの司会者より〝終戦のとき「堪え難きを堪え、忍び難きを忍び」という昭和天皇のお言葉に「以って万世の為に天平を開かんと欲す」と書き加えられた先生です。また戦後歴代の総理と交流されていましたが、特に佐藤栄作元総理は、先生の識見・人格に傾倒され、在任中二十一回の演説の草稿は全て目を通していただいたそうです〟と紹介があり、当時四十一歳の私はすごく偉い先生だと感激したものです。

その後、昭和五十五年と聞いていますが、先生が住友生命で講義された翌年の八十三歳のとき、当時の政治家の若手リーダーに宰相学の講義を求められたそうです。先生自ら「水雲クラブ」と命名され、お引受けされるに当り規則としてただ一条〝定刻前に全員着席し、中座あるべからず〟という条件をつけられたそうです。ちなみに参加者は、安倍晋太郎・竹下登・中川一郎・宮沢喜一・山下元利・渡辺美智雄の各氏であったとのことです。政治家の勉強会ではありえないただ一条の規則を約束させて始められた先生のすごさを知りました。

また、ワンマン首相として名高かった吉田茂元総理も、自分より若い安岡先生を師と仰いでおられたとのことです。私が平成二十三年に佐藤一斎の故郷、岐阜県・岩村の資料館を訪ねたとき、館の方より、吉田茂は佐藤一斎の三男・立軒《りっけん》の娘士子《ことこ》の養子であったことを教わり（従って茂の義母は一斎先生の孫娘）、こんな関わりもあるのだと思いました。

「未だ木鶏に及ばず」

安岡先生についてはあまりにもご高名で、多くの識者がご存知でしょうが、もう一つ先生についてのことを記したいと思います。

私は若き日、住友生命四谷ビルのホールで行われた竹井出版（現致知出版社）の竹井博友氏の講演において、双葉山が安藝ノ海に連勝を止められたときに「未だ木鶏に及ばず」と安岡先生に打電したというエピソードを聴いたことがあります。

「未だ木鶏に及ばず」とは『荘子』に収められた故事に由来するもので、闘鶏が好きな王が名人に鶏を預けて調教させ、「どうだ！」「まだだめです」、しばらくして「どうだ、もうよかろう！」「いやまだいけません」と何回かやりとりがあり、よいというときには、一寸と見ると木で彫った鶏みたいに調教されていた、という話です。

私が現役当時、現在ならパワハラに該当するような上司もおりましたが、「木鶏」の勉強でもしてくれたら、と思ったものです。

後期高齢者となった後、安岡先生の『禅と陽明学』を読みましたら、双葉山が連戦連勝する前に安岡先生と一緒に飲んだとき、安岡先生は一杯機嫌で「木鶏」の話を双葉山にされたとのことです。その後先生がヨーロッパに出かけられ、船がインド洋にさしかかったとき、「双葉山から電報が来ましたが、何のことかわかりません。電信係が聞き直そうかといっておりますが……」とボーイが持って来た電報を見たら「イマダモッケイニオヨバズ」（未だ木鶏に及ばず）と書いてあり、「あっ！　負けたな！」と思われた、と記されていました。

今では人間学を学ぶ月刊誌『致知』を読む「木鶏会」が全国各地にありますが、原点は旅先への電報であったと……。双葉山とも酒を酌み交わす交流のあった安岡先生に親しみをも覚えると共に、ご自身の結婚式の主賓をしていただいた高弟であった故新井名誉会長に多くの指導を受けていた我が身を誇りにも思った次第です。

私は平成三年十二月より四年四カ月間、岡山市にあるホテルの社長として出向していました。当時、ホテル主催・岡山県師友協会協讃で地元のリーダーの皆様をお招きし、講演会を開催しました。講師は住友生命・新井正明名誉会長にお出ましいただきました。

このとき新井より〝昭和五十四年四月の全国支社長会議で安岡先生から「重職心得箇条」を講義していただいたが、君も出席していただこう！　実は同年七月の社員総代会（一般企業の株主総会）で社長を後任に託そうと決めていた。社長として最後の支社長会議となるので、多くの管理職に自分が教えていた「重職心得箇条」を師である安岡先生より直接講義していただこうと思い、お願いしたのだ〟と聞かされました。

以上が「重職心得箇条」との出逢いであり、新井と安岡先生の私からのご紹介です。

新井は昭和五十四年七月に社長を退任、会長に就任されました。また、社長当時より大阪防衛協会の会長もしておられました。陸上自衛隊の久留米幹部候補生学校に毎年のように招かれ、講演されていることを私は知っていました。

ところが、私が平成二十年に福岡県の航空自衛隊春日基地を訪れたときのことです。基地の幹部に卓話したとき「重職心得箇条」の話をしました直後、当時の岩成基地司令が〝私は昭和五十五年、奈良の航空自衛隊幹部候補生学校で新井会長よりその心得の講義を受けた一人です。これがそのときの資料です。今でも幹部の指導にこの心得を活用しています。隻脚の足を引きずり、壇上に立たれたお姿を思い出します〟とのこと、新井が航空自衛隊でも講演されていたことを知らなかった私はビックリしました。この当時の受講生の中では、現在航空幕僚長の杉山良行空将、平成二十七年八月退官の岩成元空将、同年十二月退官の半澤隆彦元空将の三人が空将にご昇進されておられます。それぞれの空将が司令官のとき、私を基地に講師として呼んで下さり、部隊幹部の方々に「重職心得箇条」について講演させていただくというご縁もありました。これも全て故新井のお陰と感謝しています。

第二章　「佐藤一斎」という人物

佐藤一斎とその弟子たち

佐藤一斎先生（一七七二～一八五九）は、八十八歳で生涯を終えておられます。

岐阜県恵那市観光交流室のパンフレットを見ますと、表紙に「この男、この人物が居なかったら、日本の夜明けは、無かったかも知れない」と書かれ、パンフレットを開くとまず「坂本龍馬、西郷隆盛、吉田松陰、勝海舟。その礎を築いた男、佐藤一斎の心と魂がここに生きている」と記され、その足跡が詳細に紹介されています。一斎先生は美濃の岩村藩の家老の子息で、少年の頃から非常によく出来た人物でした。岩村藩主の御曹子で林衡《こう》という聡明な公子がおり、一斎先生はその学友として形影相伴ったといわれます。

この人は後に幕府の総理であった松平定信に見込まれて林家を嗣《つ》ぎ、述斎と称し、幕府唯一の大学長になりましたが、一斎先生はその縁にひかれて述斎が亡くなった後に学頭を継承し、安政六年（一八五九年）に八十八歳で亡くなりました。その昌平坂《しょうへいざか》学問所（現在の御茶ノ水駅近く）の学頭とは、今日の東京大学総長に匹敵する人物といえます（江戸時代の映画やテレビドラマ、例えば「暴れん坊将軍」などを観ていますと、ときどき昌平坂学問所がでてくることがあり、親しみを感じたりします）。

当時、全国に二三〇余りの藩校がありました。それらの藩校で優秀な成績を収めた者たちは、更に昌平坂学問所に進み、一斎先生の薫陶を受けました。門弟は三千人を超えるといわれ、高弟には佐久間象山（松代藩）、山田方谷《ほうこく》（備中松山藩）、安積艮斎《あさかごんさい》（二本松藩）、横井小楠《しょうなん》（熊本藩）、渡辺崋山（田原藩）、大橋訥庵《とつあん》（宇都宮藩）などがおりました。勝海舟・吉田松陰、あるいは米百俵で有名な小林虎三郎等は佐久間象山の弟子ですから、一斎先生の孫弟子に当ります。大河ドラマ「花燃ゆ」でも、吉田松陰が「象山先生の門弟になれた」と喜ぶシーンがありました。また同じく大河ドラマ「八重の桜」に登場した山本覚馬も同様に孫弟子の

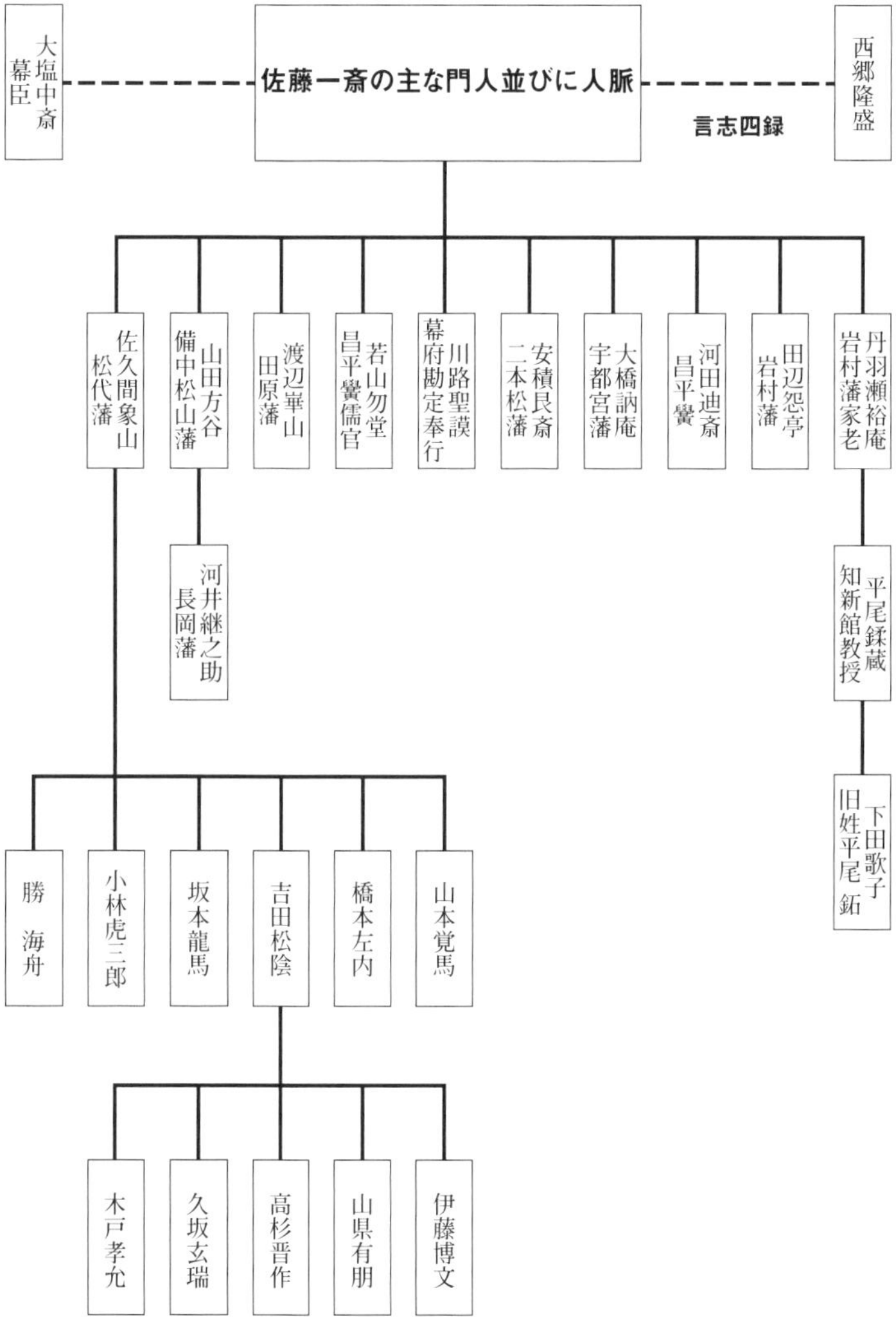
佐藤一斎の主な門人並びに人脈
大塩中斎
幕臣
西郷隆盛
言志四録
佐久間象山
松代藩
山田方谷
備中松山藩
渡辺崋山
田原藩
若山勿堂
昌平黌儒官
川路聖謨
幕府勘定奉行
安積艮斎
二本松藩
大橋訥庵
宇都宮藩
河田迪斎
昌平黌
田辺恕亭
岩村藩
丹羽瀬裕庵
岩村藩家老
河井継之助
長岡藩
平尾鍒蔵
知新館教授
下田歌子
旧姓平尾鉐
勝　海舟
小林虎三郎
坂本龍馬
吉田松陰
橋本左内
山本覚馬
木戸孝允
久坂玄瑞
高杉晋作
山県有朋
伊藤博文

欄に記載されています。また長岡藩の河井継之助は山田方谷の弟子であることも多くの人に知られています。このように、一斎先生は西郷隆盛・坂本龍馬など幕末の英傑たちの人格形成に大きな影響を与えた人物です。一斎先生の有名な著書に『言志四録』がありますが、このことについては「重職心得箇条」をご紹介した後に少し触れることとします。

高弟・山田方谷

安岡先生はご講演の中で、興味ある逸話をいくつかご紹介下さいました。身びいきかもしれませんが、私は岡山県の出身でありますので、一斎先生の高弟山田方谷について語られましたことを、住友生命の講演録よりお知らせします。

「佐久間象山とよく並び称されます山田方谷という人があります。この人はあまり知られておりません。しかしこの人は、もし大藩に出ておったならば非常に偉くて、後世にも名を残したと思う人傑でありますが、今は高梁《はし》といっております備中松山というところのたった五万石の小藩板倉藩の家老でありました。しかも藩公は幕末老中をいたしておりまして、徳川幕府と運命を共にした人であります。

方谷も運命を藩公と共にして早く隠遁《いんとん》してしまいました。しかしそれでもこの人の業績は、識者の間には非常によく伝わっております。あの備中の高梁なんて本当に山の中の小さな町でありますが、旅人が一度この高梁、つまり松山藩に足を入れますと、すぐに、『ああ、これは板倉藩だ』ということに気付くというほど、実によく善政の効果が見えており、その風俗、流風余韻というものが永く残っておったそうであります。

この藩公板倉勝静《かつきよ》が老中をしていたあるとき、控の間で老中のお供の人々が雑談にふけっておりました。段々話が微妙になり、時局論になった。そのとき、大抵の者は、『何、我が幕府の威力をもってすれば、この時局などは問題ではない』という意見であったのですが、その中で山田方谷だけは、襟を正して『いや、方今、この徳川将軍の治世というものは、荒い風濤（風が荒れ、波が高い）に竿さしている船のようなもので、非常に危うい、この時局と幕府というものをものに例えて考えてみるならば、衣服のようなものである。

家康神君が仕立てられた衣服を家光将軍、綱吉将軍、代々の将軍が洗い張り、湯のしをし、仕立直しをいくども試みて今日に到った。卒直にいうともう仕立直しがきかん位に弱っておる。これは大変なことだ。我々はちょうど風濤に竿さす扁舟（一葉の舟）のようなものだ』と非常にきつい言葉で評しました。

一座の者は、かたちを改め、色を失ったという話があります。山田方谷という人は、そういう見識の高い、そしてまた、非常に気概のある珍しい人傑でありました。

その人がやはり一時、佐藤一斎の門下におりまして、たまたま佐久間象山も一緒でありました。実は塾の中に寄宿舎がありまして、そこに他の塾生と一緒に象山と方谷も泊っていたのですが、毎晩夜がふけますと象山と方谷が議論を始める。段々議論が激しくなって、やかましくて仕様がない。

そこで他の塾生が迷惑がり、代表者が一斎先生のところへまかり出て『実は毎晩夜がふけ、我々が寝ようと思う頃になると、やかましく激論をする奴があって困ります。先生から一つお叱りを願いたい』と申し出たそうであります。そうすると一斎先生は、『何者か』『いや、方谷と象山であります』『そうか』しばらく考えておられて、『あの二人がやるならば、お前達はがまんせい』と言われたので皆、しゅんとなってしまった。

これは大変面白い逸話であります。大抵なら『それはけしからん、私から言うてやる』といわれるところなんですが、象山と方谷の議論ならがまんせいと言ったところなどは、一斎先生も只者ではない、仲々線の太い、豪邁な人であるということをよくあらわしている話だと思います。

この一斎先生は、そういうわけですから人物、風格、学識（学問、見識）をもってその及ぼした感化というものは、今日、静かに検討してみますと、驚くべきものがあります」

方谷は農民出身でしたが、近年は地元岡山の山陽新聞でも何回か取り上げられたり、人間学を学ぶ月刊誌『致知』の平成二十八年二月号では「山田方谷の貫いたもの」という対談記事が掲載されるなど、喜ばしい限りです。

方谷の業績

一斎先生は、方谷を昌平坂学問所で自分の後任にと思っておられたようですが、安岡先生が語られた通り、方谷は備中に戻って来ました。

藩主板倉勝静は、方谷の手腕に着目し、元締役と吟味役（大蔵大臣のような仕事）を命ぜられました。方谷は、五万石（実際は二万石ぐらいしか収入なし）という、貧乏板倉藩の藩収入の四十年分もの借金を僅か八年で返済し、逆に十万両（現在の貨幣価値で約二百億円）を蓄積するという偉業を成し遂げた儒者でした。

現在の日本国は一千兆円を超える赤字を抱えていますが、方谷のような人物がいたら……という思いがします。

また維新前、徳川幕府は朝敵となり、備中松山藩へも征討軍が押し寄せました。藩主不在の中、抗戦か恭順かという選択を迫られた山田方谷の下した結論は無血開城でした。このとき方谷には、自分一人の首を差し出して藩民を無傷のまま救おうという覚悟があったようです。

岡山藩には、池田光政が寛文10年（一六七〇年）に創建した日本で最古の庶民の学校である閑谷《しずたに》学校がありました。明治となり閉鎖されていましたが、明治五年に山田方谷は閑谷精舎《しょうじゃ》の名で再興しました。人材づくりが大切だということで、今日でいうボランティアのような状況で〝私は月給などはもちろん望まず、むしろこちらから持ち出しても再興の成功を期したい〟との意志を示し、自ら熱く教壇に立ったそうです。しかし、明治十年、方谷没後に再び学校は閉ざされ、荒れた状態となりました。明治十七年に自由民権運動で知られる西毅一を校長に迎え、閑谷学校としてスタートしたのです。

平成二十七年九月に開催されました、東京岡山県人会に出席したときのことです。県の東京事務所長さんから〝香川さんは山田方谷について語っておられますが、今日は方谷先生のご子孫の方が出席されますよ！〟とのこと……。ご本人にもお目にかかりましたが、熱心な県人会のメンバーの方々が、壇上より方谷先生のテレビドラマ化の運動を呼びかけておられました（私も自衛隊員の皆さん等にこの署名運動をお願いしていた一人です）。

「重職心得箇条」第十四条に「省く」ことが記されています。方谷先生の藩財政改革の精神《こころ》だけでも、現在の行政に携わるリーダーの方々には知っていただき、実行願いたいものと思っています。

曽祖父・香川真一の足跡

実は私の曽祖父香川真一（坂本龍馬と同い年）は、明治十九年に閑谷学校維持会長に被選、続いて明治二十七年に閑谷保黌《こう》会の会長に被選され、政財界人の協力を得て、今日の観光名所としても親しまれる礎を築くことにも関わっていたことに縁を感じます。今でも見事な楷《かい》の木と共に、講堂の国宝・備前焼技法の窯変《よう》瓦は三百年以上経過しても割れないものが使われています。岡山県師友協会の設立記念会でも利用されたそうですが、多くの方々に見学いただきたく存じます。

私は亡父より、曽祖父は明治維新後、岩倉使節団のメンバー等であったとある程度のことは聞かされていました。社命により岡山のホテル社長として出向したことも一つの運命と感じていました。当時はお元気でした故谷口澄夫（元岡山大学長）先生より、曽祖父の自伝稿を含め多くの資料が残っていることを教えていただき、岡山大学・県立図書館・商工会議所・牛窓役場・中国電力等により、多くの資料・足跡を入手することができました。現在は私が小学生時預けられていた牛窓の屋敷（江戸時代は朝鮮通信吏の迎賓館）や、牛窓神社の入口にある真一の銅像台座（銅像は先の大戦でお国に供出）の横に「元大分県令・牛窓の大恩人」と添え書きされた立礼と共に、瀬戸内市に管理いただいています。現在京都に居住する従兄弟が管理する先祖のお墓があるのみです（私の父は次男であり生存中に本籍もお墓も東京に移す）。折角の機会であり、曽祖父の略歴も記させていただきますことをお許し下さい。

〈香川真一（一八三五～一九二〇）　八十六歳没〉
安政三年　幕命により下曽根金三郎に入門して西洋流砲術を学び
　開港説を主張
慶応二年　邑久・和気・郡《こおり》奉行
明治四年　岩倉具視に従って欧米巡遊
明治十二年　大分県令退官（岡山・牛窓へ）
明治二十四年　県会議長・岡山殖産協会頭
明治二十七年　岡山電燈（現中国電力）初代社長
　　　　　国立二十二銀行、牛窓銀行頭取
明治二十八年　岡山商工会議所会頭（四、五、六代）
明治三十六年～大正六年　牛窓町長

第三章　「重職心得箇条」を読む

　さて、佐藤一斎先生が、自分の出身であります岩村藩（現在の岐阜県恵那市）のために選定した藩の十七条憲法が「重職心得箇条」です。文政九年（一八二六年）、一斎先生が五十五歳のときに書かれています。

　安岡先生によれば、当時段々有名になり、伝え聞く諸藩が続々と使いを派遣して、この憲法を写させてもらったということです。ところが明治以来すっかり世に忘れられてしまい、その原稿の所在も不明になりました。大正になり、ふとしたことから東京帝国大学の図書館の蔵書の中から発見され、改めて識者の間に注意を引くようになった、という歴史があるようです。

　安岡先生は師友会のメンバーに紹介され、知られるようになりました。と申しましても限られたメンバーであり、住友生命の新井のように会社の幹部への教材として使用した先人は限られていることだろうと思います。

小泉純一郎総理時代に私が偶然テレビを見ていましたら、総理が「こんなものをもらった」と、私共が新井から配付された小冊子を示され、大変ビックリしました。あとで判ったのですが、住友生命のOBで、平成二十七年四月末まで経済同友会の副代表兼専務理事をしていました前原金一氏が知り合いに渡したものが、小泉総理のところに届いたとのことを聞きました。前原氏は岐阜県多治見の出身で、郷里の一斎先生への尊崇《そんすう》の念が強かった方です。昨今はOB会等でお会いする都度、「重職心得箇条をお互いに宣伝しましょう！」と語り合っています。

安岡先生は、**この心得は〝胆識〟に役立つものであると**解説して下さいました。「知識・見識・胆識」と申しますが、知識はいわゆる知識で初歩的なもの、いくら知識があっても見識にはならない。見識とは判断力です。ところが**胆識とは決断力・実行力＝肝っ玉を身につける上に役立つもの**です。

これより「重職心得箇条」の原文と同時に、安岡先生が解説されましたことや、新井が申しましたこと、そして、私の人生経験や昨今の事象で感じますことを加えましてご紹介させていただきます。口語訳については巻末の付録（96ページ〜）をご参照下さい。

重職心得箇条

これは幕府教学の大宗であった佐藤一斎が、その郷国美濃岩村藩の請によって作った憲法で、すべて重職に在る者の為の名訓である。

【第一条　人物の条件】

一　重職と申すは、家国の大事を取計べき職にして、此重《このじゅう》の字を取失ひ、軽々しきはあしく候。大事に油断ありては、其職を得ずと申すべく候。先づ挙動言語より厚重にいたし、威厳を養ふべし。重職は君に代るべき大臣なれば、大臣重ふして百事挙《あぐ》るべく、物を鎮定する所ありて、人心をしつむべし、斯《かく》の如くにして重職の名に叶ふべし。又小事に区々たれば、大事に手抜あるもの、瑣末《さまつ》を省く時は、自然と大事抜目あるべからず。斯の如くして大臣の名に叶ふべし。凡そ政事《まつりごと》名を正すより始まる。今先づ重職大臣の名を正すを本始となすのみ。

第一条は「人物の条件」について書かれています。安岡先生は「重」の字が大切だと申されていました。**軽々しく落ちつきのないのはよくない**とのことです。例の3・11被災時のK総理は、デンとしていられなかったのでしょう。自らヘリコプターで被災地に乗り込んだり、官邸に帰った後もイライラし東電に行って怒鳴ったり、〝自分は原子力に詳しい〟と発言したりしていた状況がマスコミにより知らされました。また、その後の対応も広範囲とは申せ、政治家や各省庁等の縄張り争いも加わり、統一がとれていないことも伝わって来ました。この心得を勉強しておられたら、対応も少しは違っていたのでは…と……。

阪神・淡路大震災のときのM総理は、自衛隊の出動命令を出すのが遅れた点に問題がありましたが、三日後より、最終責任は自分が取る、仕事はO氏に全てを任すと言明されました。各省庁も幹部を出し、現地で判断できる状況を作り出していたとのことです。この経験が3・11ではあまり生かされていないと感じていたのは、私ばかりではないと思います。

昨今の国会中継で何人もの議員が、あげ足取りに思える質問内容でくり返し追及している姿を見るとき、**枝葉末節に走ると国の大事なことに手抜りができること**になり、これでは人気も上らぬと残念に思います。

「挙動言語より厚重にいたし、威厳を養ふべし」とあります。現在の閣議では、始まる前に全閣僚が起立し、総理をお迎えした後に着席する様子がテレビで映し出されています。しかし、数年前の閣議では総理を起立してお迎えしていないことがあり、雑談している姿がテレビにも映り、問題となったことがありました。

私の体験ですが、厚重な挙動をきちっと実施している組織の一つが自衛隊ではないかと思います。私は縁ありまして空幕の仕事を長くお手伝いしてきました。この間、空幕長より感謝状をいただく機会とか、毎年の観閲式・音楽祭・基地記念行事等にご招待を受けましたが、その都度これを強く感じました。また、各基地の幹部にお話しするときでも、幹部の方が着席し、副司令が、そして司令官

（空将）が着席した後に入場するよう言われました。これも講師を厚重にお迎えするという配慮だと思っています。

私が勤務していました住友生命でも全国支社長会議開催前に、会場設営担当課の職員は長い紐で机が乱れなくビシッと並ぶよう気遣いをし、資料一つでも机の同じ位置に並べていました。会議前は全国の支社長が着席しますと後方より取締役・常務・専務が続き社長が順次入場されます。社長が取締役や常務・専務より先に入場されるようなことはありません。これも政事《まつりごと》を厚重に演出させていたものと思い出されます。

【第二条　大臣たる者の心得】

二　大臣の心得は、先づ諸有司の了簡《りょうけん》を尽さしめて、是を公平に裁決する所其職なるべし。もし有司の了簡より一層能き了簡有りとも、さして害なき事は、有司の議を用るにしかず。有司を引立て、気乗り能き様に駆使する事、要務にて候。又些少の過失に目つきて、人を容《い》れ用る事ならねば、取るべき人は一人も無之様《これなきよう》になるべし。功を以て過《あやまち》を補はしむる事可也。又賢才と云ふ程のものは無くても、其藩だけの相応のものは有るべし。人々に択《よ》り嫌なく、愛憎の私心を去《す》て、用ゆべし。自分流儀のものを取計るは、水へ水をさす類にて、塩梅《あんばい》を調和するに非ず。平生嫌ひな人を能く用ると云ふ事こそ手際《てぎわ》なり、此工夫あるべし。

第二条は「大臣たる者の心得」が書かれています。安岡先生は〝「了箇《りょうけん》」の箇の字は、大抵「見る」という字を書きますが、ここでは「箇」という字を用いています。大変面白い熟語であります。「了」は悟るという意味である。悟るから物事を解決することができる。それで「おわる」という意味である。「箇」は「選ぶ」、色々な問題を、これは要らない、これはどうでもよい、これはこうしなければならない、というように選ぶこと。そして選ぶということは、複雑なものに筋を通す、すなわち「箇」であり、シンプリファイであります。**色々の役目の人物に「それはこうだ」「こうすればよい」ということを十分に議論させ、その**

議論を公平に裁決するところが重職たる者の職務である〟と解説して下さいました。

「もし有司の了簡より……」とありますが、これは**自分に部下の考えより良いものがあっても、さして害の無い場合には部下の考えを用いることが良い**ということです。実は私は二十四歳のときに、ある支社の業務係長心得をしていました。生保の支社での支部長会議時、業務施策の説明をしたのです。私の説明に対し、有力支部長が支社長に対し、係長の説明よりこの方がよいではないか！　と自説を述べました。このとき、支社長はやや考えられてから、まあ今回は係長の説明通りでいきましょう、と答えられました。私は会議後支社長室に呼ばれ、「自分はどちらでもよかったが、若い君が一生懸命考えたことだから今回は君の意見を採用した。今後は違うこともあるかもしれぬが含んでおくように」と言われました。私はこの支社長を当時心から尊敬し、一生懸命働いたものです。

また、本社課長当時、支社長より、支社のスタッフ等の人事の陳情を受ける機会もありました。私は、あの人物は駄目、このスタッフは異動させろでは取るべき人は無くなってしまうと答えたものです。**平生嫌いな人でも良く用いることが腕前**という「重職心得箇条」を引用していました。

安岡先生は一斎先生の「重職心得箇条」の中で〝第二条は名言の一つだ。どうも人間というものは好き嫌いがあって、いやだ嫌いだとなると、とかくその人を捨てるものであります。**たとえ自分の気に入らなくても「できる」「これはよくやる」とか「これは正しい」「善い」ということになれば、たとえ嫌いな人間でもそれをよく用いる。才能を活用する。これが重職たるものの手際である。**この工夫がなければならないというもっともな意見だ〟と述べられました。

そういえば、かつて自民党や民主党の幹事長で辣腕《らつわん》をふるった0代議士は、昨今その陰すら薄くなりました。数多くの人材が去っていったのは自業自得でしょうが、もしこの「重職心得箇条」を勉強・理解されていたら、また違った政治家人生を歩んでおられたかも、と思ってしまいます。

【第三条　時勢を読む】

三　家々に祖先の法あり、取失ふべからず。又仕来《しきたり》仕癖《しくせ》の習あり、是は時に従て変易あるべし。兎角目の付け方間違ふて、家法を古式と心得て除け置き、仕来仕癖を家法家格などと心得て守株《しゅしゅ》せり。時世に連れて動すべきを動かさざれば、大勢《たいせい》立ぬものなり。

第三条は「時世につれて動かすべきを動かす」ことが述べられています。しかし祖先の法（伝統的な基本精神）は失ってはならぬということです。

私は定年後、日本生産性本部の埼玉より委嘱を受け、ハローワークで再就職希望者に対し、心構え等を語る講師を引受けていたことがあります。そのとき、生産性本部の方が〝日本には百年以上継続している企業が世界で一番多い。それらの企業の共通点は、社是・社訓・家訓があることだ。時世が変化してもこれが生きている企業こそ継続している〟と申されていました。平成二十七年に住友生命のＯＢ会が開催されたとき、現社長が、私共が現役のときに会議等で朗読していた「経営の要旨」（住友生命の社是）を挨拶の中に強く入れておられたのが、難しい時代の経営であるからこそ、嬉しくも、頼もしくも感じました。

また、私はホテルに出向していた時代に全国中小企業家同友会という組織に加入しており、毎年の全国大会にも出席し多くの社長さんたちと交流もしました。この同友会の第一の課題は〝経営指針〟づくりでありましたが、「重職心得箇条」でいう祖法づくりだと思っています。

本文に「守株《しゅしゅ》」ということが書かれています。安岡先生は、これは名高い故事の熟語だと申され、次のようなお話を紹介して下さいました。〝「どこからか追われてきた兎が、勢いこんで飛び込んできたとたん、切株にぶつかって死んだ。ある愚かな百姓が、この兎をうまくひろった。それから、この阿呆はいつもそこで、また兎が出てきて鼻づらをぶつけて死ぬのを待っておった」という故事、これからおろかな習慣にとらわれることを守株《しゅしゅ》、株を守ると申します〟と……。**原理、原則というものを古いとして除《の》けてしまってはいけない。逆に因襲というような**

ものに拘泥し守株してもいけない、ということでしょう。

更に安岡先生は〝「大勢《たいせい》立たぬものなり」ということ、これも名高い言葉になっている。人間にも、自然にも大勢《たいせい》、大きな勢、傾向というものがある。これを「大勢《おおぜい》」と読んではいけない。つまり、**ある方向に決定的に動いていく、それが大勢《たいせい》である。**時勢には、大勢《たいせい》というものがある。春には春の大勢があり、冬には冬の大勢がある。この大勢を立てることが大変大事なことである。**下らない仕来《しきた》り、仕癖、いいかえれば因襲というものにとらわれていると時勢に遅れてしまう**〟と申されました。

仕来り・仕癖のことは第四条に書かれています。

【第四条　きまりにこだわらない】

四　先格古例に二つあり、家法の例格あり、仕癖の例格あり、先づ今此事を処するに、斯様《かよう》斯様あるべしと自案を付、時宜《じき》を考へて然る後例格を検し、今日に引合すべし。仕癖の例格にても、其通りにて能き事は其通りにし、時宜に叶はざる事は拘泥すべからず。自案と云ふもの無しに、先づ例格より入るは、当今役人の通病なり。

第四条は「きまりにこだわらない」ことが述べられています。第三条にありますように、家法から来る憲法的なものは変えない方がよいのですが、仕癖の例格=因襲のきまりは、**良いものはその通りにすればよいが、時代に合わないことは拘泥しなくてよい**のです。

私がホテルの社長として岡山に出向していたときのことです。毎年二月の第三土曜日に開催されます西大寺のはだか祭り（=会陽《えよう》）に行きました。ふんどし一丁姿の数百人の男達が、午前零時に投げ入れられた「宝木《しんぎ》」を奪い合う全国的にも有名な珍しい伝統ある祭りです。ところが在任中四年間共、ホテルにこの祭りを見物する宿泊客がありません。私のホテルだけでなく、市内のホテルも全く同様でした。

離任時、私は当時の市長より「備前岡山大使」に任命されました（現在も岡山の広報誌は毎月送っていただいています）。そしてしばらく後に岡山に呼ばれ、岡山の活性化について語る機会を与えられたのです。市長も変り、就任直後の新市長と直接対話する機会がありました。私は新市長に熱く〝全国で活力ある有名な祭りは①若者②智恵者（長老）③よそ者（観光客）④馬鹿者（祭り大好き人間）の四者がうまくかみ合っている。岡山の祭りはよそ者が来ない祭りばかりだ。例えば西大寺のはだか祭りは午前零時に「宝木」を投げ入れるが、交通の便も悪く（バスも電車も動いていない）、地元の人間のみで楽しんでいる。「宝木」投入を午後十時にするとか、時宜に合せて変更しては！〟と提言しました。

その直後、岡山で「うらじゃ祭り」という鬼の祭りがありました。東京の拙宅に市長から〝よそ者が全く来ていない祭りだった。また西大寺のはだか祭りも長老がガンと「昔から宝木は午前零時投入であり変えぬ」とのことで、提言に沿えず残念に思う〟旨の便りをいただきました。ところが平成二十六年二月、内外情勢調査会岡山支部の講師に呼ばれ、「重職心得箇条」をテーマに講演しましたとき、「宝木」は数年前より十時に投入することになったとの由……。聞けば昔、ガンとして反対されていた長老も亡くなられたとのことでした。私は何人かの方々に十時投入を力説していましたので、結果として観光大使の役割も多少は果せたのかと思った次第です。今後は、昨今全国的に多くの人が知る祭り「西宮神社の福男選び」のように、毎年各局のテレビで〝今年も春が近づいて来ました〟とはだか祭りの文化・歴史が放映されるようになれば……と期待しています。

安岡先生は〝「まず前例（例格）より入るは当今役人の通病なり」は、今頃の役人も共通の病気だと、仲々痛いところを指摘しております〟と申しておられました。

【第五条　機は先に見えるもの】

五　応機と云ふ事あり肝要也。物事何によらず後の機は前に見ゆるもの也。其機の動き方を察して、是に従ふべし。物に拘りたる時は、後に及でとんと行き支《つか》へて難渋あるものなり。

第五条については、まず、安岡先生の講義内容をご紹介します。

「人間すること、なすこと、そこから色々の問題が生ずる。それは一つの機というもの、機微といってもよろしい、その機に応ずることが大切である。例えば、胃が変だ、肝臓が痛む、これは一つの気です。微妙な気、病気、やまいの気です。これを感じるとすぐにそれに応じて適当な薬を使うとか、或は医者に診せるとか、これは皆『応機』ということです。あらゆる問題には『機』というものがある。つまり微妙な機能、働きですね。

何事によらず微妙な機能に、てっとり早く対応することが応機、これが肝要である。」

『肝要』などという言葉は、大変面白い言葉です。内臓諸器官でいうならば肝臓、肝臓の機能は皆さんご承知のように肝を痛めたら人間の活動力はだめになります。

『要』は本来の意味は腰という字であります。『肝心要《かんじんかなめ》』という言葉があります。肝臓と腎臓と腰、これは人体の最も大事なところです。肝は動力機関、腎は浄化装置である。その形態の一番大事なしめくくり、これは腰である。つまり『機に応ずる』色々な問題には機というデリケートなものがある。これにビシビシと応じなければならない。これが大事な事である。

『物事何によらず後の機は前に見ゆるもの也』

我々は**注意しておると、あとどういうことが起るかということが先に見える**。だから医者が人体を診察すれば、これはこういう病気が起るとか、こうなることとかが分かる。そこで『其機の動き方を察して、是に従ふべし』となります。機に応ずる。**機をみるということができないとみすみす後になって行きつかえて苦しまなければならない**という意味です」

と解説して下さいました。

数年前の大島の土石流のとき、都庁からは大島町役場には〝土砂災害警戒情報〟をファクスで発信していましたが、役場に着信はしていても、これによる動きはなく、また当時町長も遠く山陰に出かけており、都庁からの情報は知る由もありませんでした。結果として多くの犠牲者を出してしまいました。災害時もリーダーの機を読むことの大切さを教えています。

私が現役のとき、世界チャンピオンに十二回輝いた戦後のスター選手であり、国際卓球連盟の会長を務められた故荻村伊智朗氏より推挙され、日本卓球協会競技力向上委員に任命されていました（私は高二の十六歳のとき高体連東京代表の末席・荻村さんの指導も受けていた経験あり）。ソウルオリンピック二年前より全日本二位の石田清美選手をスカウトしたからです。石田選手は日本・アジアの予選を勝ち抜き、見事ソウルオリンピックの日本代表となりました。

卓球はソウル大会より初めてオリンピック競技種目となりました。現在のようにマスコミにも大きく取り上げられず、社内でも応援団を送る雰囲気もない時代でした。丁度オリンピック直前に韓国生命保険協会のトップの方々が来日され、会社にも訪問されましたので、本社一階より小旗を振り大歓迎しました。また韓国の某生保には会社の職員をトレーナーとして受け入れて下さった会社もありましたので、韓国の生保会社等の訪問とオリンピックの応援を兼ね、当時の会長の出張に同行しました（当時の私は厚生部長）。ところが、女子ダブルスでなんとベスト四の準決勝まで進み、翌日の試合に勝てばメダル確定というとき、会長と同日程の出張期間がきてしまい、準決勝を応援することなく帰国しました（結果は準決勝で敗退）。帰国後、新井名誉会長にオリンピックの報告に行きましたら〝「活機応変」ということを教わっているだろう。君が残っていたら勝てたとは言わぬが、今回はそれこそ「活機応変」で君だけは残ったらどうだったのだ！〟と諭されました。これも最初から決勝までの日程で私の出張申請をしていなかった……つまり後の機は前に見えているもの……に失敗した例だと今になっても思っています。余談で恐縮ですが、その後オリンピックで卓球は、女子団体で銀メダルを獲得した前回のロンドン大会まで、男女共一つもメダルを取れていませんでした。

実はソウル大会の前、石田選手のコーチ兼トレーナーとして、二人の若い中国人選手にお願いしました。その一人が、日本に今日まで残り、小学生当時の平野美宇選手（平成二十八年一月の全日本卓球選手権大会で中学生ながら決勝に進出した日本のホープ）を指導し、現日本チャンピオン石川佳純選手のコーチとして頑張っている陳莉莉《ちんりりー》さんです（平成二十八年三月まで）。多少なりとも卓球界に貢献できたのでは。そして私の少年時代の卓球日本復活を願い、現在は平素老人卓球のコーチをしながら、二〇二〇年の東京オリンピックを心より期待している昨今です。

安岡先生は、事前に後からやってくる機をみられる医者は名医なりと解説して下さいました。安倍内閣の重要閣僚であったA大臣も今思うと、秘書の動きにもっと注意していたならば、その機が見えていたもの……と断腸の思いをされていることでしょう。TPP交渉では諸外国を相手に堂々と頑張られていたので残念でもあります。福島原発でも、東京電力内ではもっと高い津波が来る想定（機は先に見えていた）もありました。あのとき対応をしておけば……と口には出せぬが後悔しておられる幹部の方もおられるのではと察せられます。

【第六条　公平を保つ】

六　公平を失ふては、善き事も行はれず。凡《おおよ》そ物事の内に入ては、大体の中すみ見へず姑《しばら》く引除《ひきのい》て活眼にて惣体の体面を視て中を取るべし。

第六条は公平を保つことが書かれています。〝特に政治を行うときに**公平ということを失えば、良いことも行えない**〟と、安岡先生より最初に解説がありました。

平成二十七年の国会でも、国から補助金の出ている企業からの献金問題で大臣が追及を受け、ついには辞任へと至りました。A大臣の場合も、地元責任の秘書が献金を私的に流用したり、何回もの接待を受けていたのですから、大臣辞任は当然のことでしょう。いつの時代もこのような問題が起ると政治不信となります。政治家は身を引きしめて、国家、国民のための政治を実行して欲しいと願うばかりです。

それにつけても隣の中国では幹部の中で汚職・腐敗等がはびこり、ハエも虎も退治しています。人数も金額も桁違いの大きさであり、こんな状態が続けば国家の危機にもなるでしょう。貧富の差も大きくなり、いつまで現体制が保てるかと思うのは私一人ではないと思います。文中に、**物事の内に没頭してしまうと、どこが中か隅かもわからなくなってくる。だから問題をしばらく脇に除《の》けて活眼で全体を見わたし、中を取るのがよい**、と教えてくれています。**問題の中に入って、すみずみが見えなくなってしまうと危ない**ということです。

安岡先生は〝女偏に古いと書いて「姑《しばら》く」という意味に使うのは文字学からいうと大変面白い。女が古くなると、まあまあと何でも妥協的になる。テキパキやらないでそのままにしておく。若いときにキビキビしていた人でも、倅に嫁をとって自分は姑《しゅうとめ》になる。そういうころには仕来《しきた》り・仕癖《しくせ》ですますようになる、というので姑《こ》という字を「しばらく」と読むのです。これに息という字をつけて姑息、しばらくやむということ、つまり、まあまあといって何もしないことです〞と解説して下さいました。

【第七条　苛察と小量】

七　衆人の厭服《えんぷく》する所を心掛べし。無利押付の事あるべからず。苛察《かさつ》を威厳と認め、又好む所に私するは皆小量の病なり。

安岡先生は〝「苛察」とは、いらいらとああかこうかと探索すること、うるさく立入ることです。「小量」とは、度量が小さいこと。人間、人物学で申しますと、まず元気、意気、志気、気骨というものが第一要素であります。これがあって、そこからの知能、見識というものが出てくる〟と説かれました。条文にありますように、**衆人が厭《いや》がることを無理押付はしてはならない**。規則違反の強要も当然というより論外でしょう。また**自分の好むままに私したりするのは器量の小さいところから生ずる病**と教えています。

数年前、自衛隊首都圏の某基地で催事があり、式典終了後の懇親会ではアルコールも出ました。前政権時招待された某国会議員は、お帰りのときに基地内の一方通行を無視し、自分のところに配車するよう隊員に注文しました。隊員が基地のルールを説明しても聞き入れず、責任者を呼べ！　等々怒り出しました。アルコールが入っているとはいえ、人の落度どころか自分の落度なのに、自分の身分を威厳と考えてしまった器量の小さい暴言でした。当時のマスコミにも取り上げられましたが、次の選挙で落選しましたので本人も反省していることでしょう。

私が現役時代には苛察（いらいら・うるさい）多き上司もまかり通っていましたが、昨今ではパワハラ一一〇番に通報される時代でしょう。

安岡先生は、〝重職たる者はなかなか大変で**細かいことにこだわっていては駄目**です〟と語っておられました。

【第八条　忙しくとも口には出さない】

八　重職たるもの、勤向繁多と云ふ口上は恥べき事なり。仮令《たとえ》世話数とも世話敷と云はぬが能《よ》きなり、随分手のすき、心に有余あるに非れば、大事に心付かぬもの也。重職小事を自らし、諸役に任使する事能《あた》はざる故に、諸役自然ともたれる所ありて、重職多事になる勢あり。

第八条は、**重職が忙しいという言葉を出すことは恥ずべきことと**教えています。この勉強をした後は、役員から忙しいという言葉が減ったと、現役当時の住友生命新井社長は笑いながら語っておられました。新井のお気に入りの一条だったと思っています。

本文に「任使《にんし》」とありますが、安岡先生は〝使用という言葉があるが、**使用より一歩すすんでその使用する人物に任す。これを任用という。これが任使であり任せた上に信じて使うことだ。単なる使用に非ず**〟と解説して下さいました。

私が現役当時のことです。生命保険会社では、全国の支社の下に支部という組織があります。この支部長は傘下の営業職員が十名強で新しく任命されます。しかし一年、二年経過しても忙しく働いてはいますが十名強より大きくならず、逆に消滅する支部もありました。一方で、あれよあれよと営業職員の数が増え、三十名、四十名と大きくなる支部もあります。大きくなる組織の共通点は、担当支部長が何でも自分でするのではなく、会社の正規の下部組織（出張所）以外に支部内で役割を分担する人事を採り入れ、信じて任せているところが主因の一つでもありました。

「任使」でびっくりした例を紹介します。私の知人がテレビコマーシャルもよく出している賃貸住宅会社の役員をしていました。空幕の就職援護推進委員でありました私は、一年がかりで自衛隊ＯＢの受入れを依頼し、ついに空将補（当時五十六歳）の方の就職が決りました。その方は入社後複数の営業店で研修として勤務し、若い社員と顧客訪問を含め一《いち》より仕事に取り組み、感想レポートを提出しました。また就職直前の一年弱で、宅建主任者やマンション管理士の資格も取得していたのです。研修後は社長室に配属となりました。職場訪問したとき、私から見ても大変だと思えた社長からの要請を真摯にこなして信頼され、入社五年強で関連会社の社長に任用されました。関連資格も五つ増え、七つ取得しています。

本人の努力は本当に立派だと思います。同時にこの会社の社長も「任使」された例でしょう。就職をお世話した私も誇りに思っています。

企業トップの方で社外の仕事をこなしておられる人達は、**知識・見識・胆識がおありになると共に「任使」ができていればこそ**と確信します。

【第九条　罰すること、賞めること】

九　形賞与奪《よだつ》の権は、人主のものにして、大臣是を預るべきなり、倒《さかさま》に有司に授くべからず、斯の如き大事に至ては、厳敷《げんしき》透間《すきま》あるべからず。

第九条は、**人間を使う上で「刑」すなわち罰《ばつ》することも賞《ほ》めることも必要**だと教えています。こういう**罰したり賞めたりすること、与えたり奪ったりする権利は**前条の任使の逆で、**部下に任せてはいけない**ということです。

安岡先生は〝「透間」とは手抜かりという意味で、**形賞等に手を抜いてはいけない**〟と解説して下さいました。

平成二十七年に国会で安保法制の審議がされているとき、I総理補佐官が講演で〝法的安定性は関係ない〟と発言したことが問題となりました。野党は猛烈な追及です。総理は〝法的安定性は当然だ。官房長官に注意させた〟と答弁されていた記憶があります。その直後に偶然テレビを見ていましたら、一杯機嫌と判るI補佐官がインタビューを受けていました。会合には総理も出席しておられたようですが、〝総理からは何も言われておりません〟と答えていました。最初の発言直後、総理自らビシッと強く諭すなり、叱るなりしていれば、補佐官もあのような応答にならなかったろうと思った次第です。結果的には国会で陳謝・発言取消となりました。

この心得の九条に書いてあることは、正に本件でも生きていると感じた事例でした。

【第十条　物事の優先順位】

十　政事《まつりごと》は大小軽量の弁を失ふべからず。緩急先後の序を誤るべからず。

徐緩にても失し、火急にても過つ也、着眼を高くし、惣体を見廻し、両三年四五年乃至《ないし》十年の内何々と、意中に成算を立て、手順を逐《お》うて施行すべし。

政事《まつりごと》は**大小軽量の区別や、何を先に成し、何を後に成すかの順序も誤ってはならない。**また、**ゆっくりのんびりでも過ちを招くことになる。**「着眼大局・着手小局」という私の好きな言葉は、囲碁・将棋の世界のみならず、仕事でも当然生きた言葉です。

安倍政権が誕生したとき、まず経済を一番優先させたことは良かったと思います。しかし、平成二十八年早々より円高・株安となり、国内事情とは別に中国を筆頭とした世界各地の経済状況の不安定が影響していると、マスコミで関係者は伝えてもいます。こんな中、金融機関でもサプライズであったマイナス金利がよく理解されないまま実行されました。

その上にA大臣の金銭問題での辞任、数名の大臣の不勉強からくる失言、更に育休問題で脚光を浴びたM代議士の不倫による議員辞職（これは政治家というよりも人間としても失格の人物が国会議員であった）等、丁度この原稿を書いている二月中旬は私のみならず、国民のイライラ・やるせなさ・不安・不満が大きくなっているときでした。

そうでなくても日本国には、憲法・外交・防衛・震災（原発）処理・沖縄の基地・人口減少・地方創生・国の借金・TPP・北朝鮮の拉致・北方領土・議員の定数削減等々、難題が山積しています。政治に携わる人々にはこの十条の教えどおり着眼を高くし、党利・私欲を捨て大局に立ち、一歩一歩順を踏んで日本国をリードしてもらいたいものです。

【第十一条　包容の心】

十一　胸中を豁大寛広《かつだいかんこう》にすべし。僅少の事を大造《たいそう》に心得て、狭迫なる振舞あるべからず。仮令《たとえ》才ありても其用を果さず。人を容《いれ》る、気象と物を蓄《たくわえ》る器量こそ、誠に大臣の体と云ふべし。

第十一条は「包容の心」を説いています。

安岡先生は〝「豁大」とは広い大きいこと。「寛」はゆるやか、「大造《たいそう》」、これは俗語で、大仰なこと。「狭迫なる」こせこせした、がつがつした、の意味。**大臣、重役というものは人間を包容しなければならん。そういう気象と物を蓄えること、それが大臣の本体といわなければならない**ということを言っており、実によく重職たるべき者の急所を押えておる〟と述べられました。

現役当時、私がゴルフに行ったときのことです。腕自慢の仲間がキャディさんに「あと何ヤード？」と聞くと、キャディさんは「七十ヤードです」と答えました。ところが彼の打ったボールはグリーンをオーバーしました。「六十ヤードだっただろう！……」とキャディさんに怒りをあらわにしたのです。彼はゴルフに限らず、仕事でも平素部下にこういう接し方をしていたようです。ゴルフも仕事も瞬時は良いかもしれませんが、周囲より慕われていなかったナーと思い出します。重職の急所を押えた一条だと思います。

【第十二条　貫くこと、転化すること】

十二　大臣たるもの胸中に定見ありて、見込たる事を貫き通すべき元より也。然れども又虚懐《きょかい》公平にして人言を採《と》り、沛然《はいぜん》と一時に転化すべき事もあり。此虚懐転化なきは我意の弊を免れがたし。能々《よくよく》視察あるべし。

リーダーは胸中に一つの定まった意見を持ち、一度こうだと決めたことを貫き通すのは当然である。しかし心に先入主・偏見を持たないで公平に人の意見を受け入れ、さっとすばやく一転変化しなければならないこともある、とのことです。

安岡先生は〝「沛然《はいぜん》」とは、夕立大雨が降ってくるように大変な勢いで、からりと転化しなければならないこともある〟と解説して下さいました。私はこの講義を聴くまでは、恥ずかしながら「君子豹変」をあまり良いことではないと理解していました。しかしこれも必要なときもあり、逆に私欲があるとそれができないものと知りました。能々《よくよく》観察し胆識で転化することだと……。

平成二十七年夏、安倍総理が東京オリンピックメーン会場となる国立競技場の白紙見直しを決断されたとき、「沛然と一時に転化されたナー」と、これぞ十二条の教えの出来ごとなりと納得した次第です。

【第十三条　メリハリとバランス】

十三　政事《まつりごと》に抑揚の勢を取る事あり。有司上下に釣合を持事あり。能々弁《よくよくわきま》ふべし。此所手に入て信を以て貫き義を以て裁する時は、成し難き事はなかるべし。

安岡先生はこの十三条はこの通りで、特に申すまでもないことだとのことでした。

平成二十八年冒頭より、野球界のスターであった清原和博選手の覚醒剤事件が連日報道されました。高校時代よりあまりにも活躍していたため、新人のときよりチヤホヤされすぎ、上下の釣合いを教えられることなく育ってしまった一番悪い例だと思っています。本人の心が弱いのが一番の原因でしょうが、人間として信を以って厳しく育てられていたら……と……。引退後全身に刺青を入れた時点で、野球界の指導者としての仕事が厳しくなる判断もつかぬ人間になっていたのか？真の指導者はいなかったのか……と残念に思います。

【第十四条　仕事は簡易に、手数を省く】

十四　政事《まつりごと》と云へば、拵《こしら》へ事繕《つくろ》ひ事をする様にのみなるなり。何事も自然の顕《あらわ》れたる儘《まま》にて参るを実政と云ふべし。役人の仕組事《しくむこと》皆《みな》虚政也《きょせいなり》。老臣なと此風を始むべからず。大抵常時は成《なる》べき丈《だけ》は簡易にすべし。手数を省く事肝要なり。

安岡先生は〝「役人の仕組事皆虚政也」は辛辣《しんらつ》な言葉だ。**役職につく人間はとかく慣習にとらわれる弊害がある。年寄・先輩・重役などがこういう内容のない空しい政事をやってはいかん。なるべく簡易にし複雑にしてもいかん**〟と訴えられ、論語「吾日に三たび吾身を省《かえり》みる」を紹介され、〝省《かえり》みるでは五十点だ。省《はぶ》く・省《しょう》す・省《せい》すと読まねばならん。とかく官僚というものは反対に濁りをつけて、省《しょう》を冗《じょう》にする傾向がある。**余計な仕事を増やしたり、余計な役所をこしらえたりしないように古人は役所の名前に○○省とつけた**〟と、きっぱり話された姿が目に浮かびます。

一斎先生の薫陶を受けたであろう明治維新のリーダーが「○○省《しょう》」をつけた意味を知り、現在の国・地方の役人も、各界のリーダーも、省《はぶ》くことに心すべきことと思っています。

平成二十八年二月十九日の新聞に、衆院定数削減・首相が指示と記載がありました。自民党内で反対の多い中、野田佳彦元総理との約束を三年の時間を要し、ついに省《はぶ》く決断のリーダーシップを取られた！　と思った次第です。

【第十五条　風儀は上から起る】

十五　風儀は上より起るもの也。人を猜疑《さいぎ》し蔭事を発《あば》き、たとへば誰に表向断様に申せ共、内心は断様なりなどゝ、掘出す習は甚《はなはだ》あしゝ。上に此風あらば、下《した》必《かならず》其習《そのならい》となりて、人心に癖《くせ》を持つ。上下とも表裡両般の心ありて治めにくし。何分此六《このむつ》かしみを去り、其事の顕《あらわ》れたるまゝに公平の計ひにし、其風へ挽回《ひきまわ》したきもの也。

第十五条は、「**風儀（日常生活の躾《しつけ》）は上の方から起って来るもの**」と教えています。

数年前に起きたミートホープ・飛騨牛・うなぎの産地偽装事件等も上からの指示で起っていました。最近の事件でいえば、秋田の太平物産では幹部が知りながらも有機肥料の成分を偽装しており、久富産業では橋の耐震補強工事の手抜きにより四十％以上の経費削減を図っており、これも上からの指示であったようです。

熊本の化血研は、国の承認と異なる方法で血液製剤などを四十年製造しており、歴代理事長が認識していながらも製造記録を隠蔽工作していました。これも「悪い風儀は上から」の例でしょう。

スポーツ界でもロシアの陸上・オリンピック選手が、コーチや医師の私欲のためにドーピングに係わっていたことがマスコミにより知らされました。こんなコーチに指導を受ける選手はたまったものではありません。

それにつけてもあの東芝が、三代の社長の間違ったメンツで偽りの決算をしていたことには本当にびっくりしました。かつて行革で活躍されたメザシの土光さんも、あの世でお怒りになっていることでしょう。

安岡先生は〝六《むつ》かしみとはあて字だ。一斎先生のユーモアといいますか、屈託がないといいますか、文章の一つの特徴であります。五、六の六の字をくだけて使っておる。普通なら艱難《かんなん》の難という字を使うのだ〟と解説して下さいました。

【第十六条　何でも秘密にするのは悪い】

十六　物事を隠す風儀甚あし、。機事《きじ》は密なるべけれども、打出して能《よ》き事迄も韜《つつ》み隠す時は却て、衆人に探る心を持たせる様になるもの也。

私はこの十六条を読む都度、例の3・11当時のことを思い出します。

私の長男は当時東京で外資系の企業に勤務していました。次男も転勤族で福島県に勤務していたのです。長男より〝外資系の外国人は原発事故で「八十キロ離れろ！」〟の情報で、一部は帰国したり、香港に避難したりしている。弟家族は郡山にいて大丈夫か？〟と電話が入りました。政府・官房長官は爆発後も「直ちに人体や健康に影響を及ぼすことはない」とくり返していました。私は〝郡山や二本松は避難される方を受入れる場所で大丈夫と言っている。脱出などと言ったら地元の人達に失礼ではないか！〟と答えていました。数週間後になり孫は東京に、働いている次男は会津に待機となりました。政府は避難区域を三キロ、十キロ、二十キロと段階的に拡大し、正しい情報を出していないのではと私は疑問に思うようになって来ました。現在名古屋に居住する孫は放射能検査を既に二回受けています（二十歳まで二年に一度検査）。平成二十六年にオープンになった報告書でご存知のように、政府の初期対応・東電の本社と現場のやりとり・緊急時迅速放射能影響予測ネットワークシステム「ＳＰＥＥＤＩ」の情報隠蔽、また週刊誌では東北に近づかなかった党幹部等々の情報が判りました。
この十六条は**いろいろな案件に対して、各種の取扱いにリーダーの判断が重要**なことの教えだと思っています。

【第十七条　新任リーダーの心得】

十七　人君の初政は、年に春のある如きものなり。先《まず》人心《じんしん》を一新して、発《はっ》揚歓欣《ようかんき》の所を持たしむべし。形賞に至《いたり》ても明白なるべし。財帑《ざいど》窮迫《きゅうはく》の処より、徒《いたずら》に剝落厳沍《はくらくげんご》の令のみにては、始終行立《ゆきたた》ぬ事となるべし。此《この》手《て》心《ごころ》にて取扱あり度《たき》ものなり。

住友生命の新井が社長当時、新任支社長研修で常に教えられたのは、新任地に向うに当って〝「一新」の新しいという字は立木《たちき》の右に斤《おの》（昔の新聞では斤という字が使われていた）と書く、つまり**新しいこととは斤で切る力がいる**のだ。スポーツでも保険会社でも新記録をつくるには全力をつくすことで生れる。大変なことだ。新商品も多く売るには力がいる。新たな支社長として、春の風・明るい温かい支社長として力を発揮して欲しい！〟と激励され、十七条を結んでおられた姿が懐かしく思い出されます。どの業界の新任リーダーにも共通する心得だと確信します。

また、安岡先生は〝冱《ご》は寒いという字だ。厳しくしめ、金がない、予算がないというところから、**いたづらにあれもいかん、これもいかんと厳しくしめ、寒々とした命令だけの政事《まつりごと》では始終行き立たぬことになるだろう**〟と話されました。

以上で十七箇条全てのご紹介を終りますが、安岡先生は〝微妙なところをうまく押えて、親切かつ平明に、しかも多少ユーモアも含めて、こだわらず、淡々と重役の心得を押えている。さすが一斎先生だ、感服させられる次第であります〟と申されました。

私は人間の本質は百年、二百年過ぎようともあまり変っていないものと思います。同時に、当時は全国各藩校の優秀な人材（若者）が競って昌平坂学問所で人間学や武士道精神を学んでいたからこそ、幕末から維新にかけて彼等が活躍する素地があったと思えます。ある意味では、当時の方が日本国の人材づくりができていたのでは、と思えてなりません。「重職心得箇条」は、人の上に立つものの心得として生きた教材であると確信します。

安岡先生も新井も鬼籍に入られ、かなりの年数が経過しました。

自衛隊で講演しましたとき、何人かの幹部の方から〝この古き教えを各界のリーダーの皆さんにも知って欲しいですね！〟との言葉をいただきました。運よく安岡先生の講演録も持ち続けていましたので、浅学非才ながらペンを執った次第です。もっと知っていただきたくて……。

第四章　『言志四録』について

佐藤一斎といえば有名な著書『言志四録』があります。これは知恵の凝縮で「志《こころざし》」が書かれています。

〈『言志四録』の構成と著述年代〉
第一編『言志録』　二四六条
　文化十年（一八一三年）～文政七年（一八二四年）
　将軍十一代家斉の治政
　約十一年間　一斎、四十二～五十三歳
第二編『言志後録』　二五五条
　文政十一年（一八二八年）～天保八年（一八三七年）
　約九年間　一斎、五十七～六十六歳

第三編『言志晩録』　二九二条
天保九年（一八三八年）～嘉永二年（一八四九年）
将軍十二代家慶の治政
約十二年間　一斎、六十七～七十八歳
第四編『言志耋録《てつ》』　三四〇条
嘉永四年（一八五一年）～同六年（一八五三年）
約二年間　一斎、八十～八十二歳
『言志四録』　全条一一三三条（約四十年間の著述）

以上の一一三三条の訓《おしえ》を総称したものが、『言志四録』です。

八十歳のことを「耋《てつ》」というそうですが、一斎先生は八十歳を過ぎてから『言志耋録』を著し、八十八歳で亡くなりました。この『言志四録』は徳川時代末期から明治時代にかけて心ある人々に非常によく読まれたようです。

あの西郷隆盛（南州）が藩主の命により流罪となり、遠く南海の島（沖永良部島）に向うとき、『言志四録』を持参して獄内で就読、自ら修得した全文より一〇一条を選び出し「南州手抄《なんしゅうしゅしょう》」として残しています。明治二十一年にこれが活字となり本となりました。

明治天皇に差し上げましたところ、

「朕《ちん》は再び朕が西郷を得たぞ！」

と叫ばれたそうです。現在でも多くの出版本があり、識者に読まれています。平成二十七年二月十五日の日本経済新聞「リーダーの本棚」でも、自衛隊制服組のトップである統合幕僚長・海将・河野克俊氏は『言志四録』を愛読書の一冊として答えられています。

『言志四録』の中で特に知られている訓《おしえ》は、『言志晩録』六〇条の「三学戒《かい》」であります。平成の時代になりまして盛んとなった生涯学習（教育）の基本理念ともいえる訓です。小泉総理当時の平成十三年五月二十九日・衆議院本会議の演説（教育改革関連三法が上程されたとき）に引用されたことから、一層多くの人々に周知されることになりました。

三学戒
少《わか》くして学べば、
則ち壮にして為すことあり。
壮にして学べば、
則ち老いて衰えず。
老にして学べば、
則ち死して朽ちず。

――『言志晩録』六〇条――

私は若いとき、安岡先生がお書きになったこの三学戒の複製色紙をいただいた記憶がありますが、当時は『言志四録』のことはほとんど知りませんでした。岡山のホテルの社長として出向していましたとき、岡山大学の元学長・故谷口澄夫先生もこの三学戒をホテルでの講演会で引用され、少し認識を深めた次第です。

現在は老いましたが、内外情勢調査会のメンバーとして各界の先生のお話を聴いたり、月刊誌『致知』や『関西師友』等より少しずつ勉強させていただいております。

第五章　佐藤一斎の郷国「岩村」

ここでは一斎先生の郷国岩村藩や、現在の岩村について触れてみます。

私は平成二十三年六月、内外情勢調査会の講師として岐阜県多治見市（東濃支部）に招かれました。折角の機会でしたので一日早く出かけ、名古屋よりＪＲ中央本線に乗り、恵那駅で明知鉄道に乗り換え、岩村を訪ねました。

岩村城は標高七一七メートルで、全国の山城中最も高所にあり、日本三大山城の一つです。源頼朝の重臣・加藤景廉《かげかど》が文治元年（一一八五年）に創築したとのことです。時代は移り、その後信長のおばさんが城主遠山景任《かげとう》に嫁ぎましたが、景任が早死にし子供がいませんでしたので、織田家より五坊丸（八歳）が養子に入りました。当時の織田家にとって岩村は、美濃を考えると重要拠点だったようです。このおばさんが城の采配をふるった為、女城主として宣伝した時期もあったようです。江戸時代は三万石程度の小藩でしたが、年貢の率は他藩より少なく、領民は貧しくなかったようです。藩校・知新館は、日本で九番目に出来たそうで、老中も三人出している一目置かれた教育に強い藩だったようです。

現在の岩村駅前は長閑《のどか》な田舎という感でした。ところが商店街に入り、近世以来の商家群の町並みで、往時の繁栄を示す間口の広い町家・土蔵が建ち、商人の町、職人の町と感じました。入館料を取る館・家もありました。

更に感激しましたのは、一軒一軒の店頭に『言志四録』の一節とその解説が掲示され、これを読んで進みますと城跡＝岩村歴史資料館に辿り着くことでした。

四録より一つずつ紹介しますと……

凡《およ》そ事を作《な》すには、須《すべか》らく天に事《つか》うるの心有《あ》るを要すべし。

（『言志録』三条）

―世にあって事業をなすにあたり全ては、神仏に仕える精神で事にあたるよう心することが肝要である。天道（天の道理）に則する精神と理念を持って事業を行なうことの大切さを説く。高き精神と理念なきところに成功はない。

智《ち》、仁《じん》は性《せい》なり。勇《ゆう》は氣《き》なり。配《はい》して以て三徳《さんとく》と為す。妙理《みょうり》有り。

（『言志後録』八〇条）

―智（是非を分別する道理）と仁（温和で慈愛の道理）は本性であり、勇（勇気）は本性から生ずる気質であって、後天的に修養しうるもの、これを合わせて「三徳」と言う。まことに妙（巧みなる）道理である。智と仁をもって勇なくば何事も成らず。この「三徳」に対し仏教の「三毒」貪《とん》（むさぼる）瞋《じん》（いかり）痴《ち》（嫉妬）がある。

愛敬の心は、即ち天地生生《せいせい》の心なり。

（『言志晩録』一八八条）

―愛し敬う心はまさに天地間において万物を生成し発展させる心（自然のもつ真理）とおなじである。草や木を植え、花を育てること、動物や鳥類を飼育するもの、皆愛と敬の心を表したものでなければならない。現世相では、この心理を知らず、ただ自分のご都合で生き物達をとりあつかう御都合主義、勝手主義の者が多くいる。

身《み》の我れを以て心の我れを害《がい》するは、人欲なり。（『言志耋録』四〇条）

――形ある己（鏡にうつる私）の身体は欲により、形なき己（もう一人のわたし）の心を害するのは人欲である。仮の己のために真の己が害され、本来の良心を損なうことは、まさに愚かな人の欲であることを自覚すべきである。それは良知（良心）に目覚めることにほかならない。

歴史資料館にアポイントを入れての訪問でしたが、私は商店街でこの『言志四録』を読みながら、そして入館料を払っての見学で多くの時間を費し、資料館到着時には〝もう来られないのでは……〟と言われたほどです。

資料館入口には、前記の三学戒の石碑（碑文は一斎先生の研究でもご高名な神渡良平氏が平成八年に石碑を建立するときに書かれた）と佐藤一斎の座像があり、元総理大臣小泉純一郎氏の揮毫とありました。「三学戒」のところで前述しました通り、小泉総理が平成十三年五月の国会演説で引用された年の九月、地元岩村の人々が石碑の拓本を持って官邸を訪問されました。地元ではこのとき座像を建てる計画があり、銘板を書いて欲しい旨お願いしたところ、小泉総理は大変喜ばれたそうです。

平成十四年十月二十六日、一斎先生の生誕二三〇年の言志祭で除幕式が実施されました。現在は「女城主」ではなく、一斎先生の『言志四録』で町おこしをされている岩村を訪ねられることをおすすめしたいと思います。

第六章　自衛隊員と接して

まえがきに記載しましたように、私は航空自衛隊と長く関わりを持って来ました。

平成二十二年六月発刊の航空自衛隊機関誌『翼』に「重職心得箇条」を投稿したことがきっかけとなり、目黒の幹部学校・奈良の幹部候補生学校、そしてお招きいただいた沖縄をはじめとする各基地の方に、この〝心得〟について講演することになりました。多くの自衛官の方と接して感じましたことのいくつかをお伝えしたいと思います。

某空将（既に退官）と懇談したとき、〝現在の自衛隊は昔の軍隊や外国の軍隊と違い、罰するための軍法会議などはない。いわば情の組織だ。指揮官の人間力・魅力が大切だ。だから「重職心得箇条」が勉強になる〟と語って下さったことが印象的でした。

この空将が基地司令のとき、近くの市長は当選後基地に来られることが全くなかったそうです。はっきり申せばアンチ自衛隊のお考えのようでした。そこで基地の催事数日前に出席を求めると共に、開始時刻より早い時間の来訪をお願いしました。当日、基地内を司令自ら案内されながら、基地の状況や日頃の訓練の内容を熱く語られたそうです。その結果、ご本人の思想信条は別として、基地に対する理解が深まり、その後の催事にもご協力いただけるようになったと語っておられました。

〝心得〟の第二条にありますように、好き嫌いではなく、この空将（重職）が市長に自ら親しく接せられた結果、基地への理解も深められたのだと思いました。

また、内外情勢調査会の支部に、毎週テレビにも出演されている元新聞記者の有名な講師が来られたときのことです。〝今の自衛隊員は誰も戦争経験がない、戦争があればかなりの自衛隊員は自ら逃げ出すのではないか！〟と語られる場面がありました。すると私のテーブルの方が〝どう思います？　逃げることはないでしょう！〟と講演後に声をかけてこられました。そこで私は、幹部隊員から聞いていた、例の3・11の数日後に福島の原子力発電所への放水が決定したときのことをお話ししました。……放水の前日、航空幕僚長が隊員に向けて〝周囲には多くの放射能があるだろう。被爆する危険もある。しかし原子炉建屋に放水を決定した。空自の消防隊としても実行してもらわねばならぬ。今晩家族と相談するもよし、その上で放水に行くかどうかの考えを申し出てもらいたい〟という趣旨の話をされました。ところが当日、全員の消防隊員が〝行きます〟と答えたのです。その中で年輩の隊員より、〝自分のような高齢の者を選んで欲しい。若い隊員は将来のために残って欲しい！〟〝そうだ！　そうだ！〟と声があがった、というものです。

私は平成二十七年九月、奈良の航空自衛隊幹部候補生学校で「重職心得箇条」の講義をしました。このときの学生は防衛大学校卒業二年目か、3・11以降に入隊した若き生徒がほとんどです。講義の中に3・11直後の隊員の話も入れました。

帰途、奈良駅まで送ってくれたドライバーの隊員が、〝自分も消防に属していま
す。古参隊員が率先して行くという話を聞き、誇りに思っています〟と語りかけ
てくれました。

自衛隊の皆さんは、「事に臨んでは危険を顧みず、身をもって責務の完遂に務
め、もって国民の負託にこたえる」と宣誓されて隊員になっています。

あの放水に係わった陸上自衛隊ヘリコプターパイロットの方も、東京消防庁の
ハイパーレスキュー隊の方も、そして警視庁機動隊の方も、事に臨んでは危険を
顧みず、身をもって負託にこたえられたのだと思います。

機会があれば、こうした自衛隊員の真の姿をPRしたいと思います。制服組は
早期定年のことも……。

第七章　人間力と人物学――リーダーの条件

歴史の中でも現代でも、事件・事故は常に発生しています。そのときどう対応するかの差により、その後の状況は大きく変化します。これぞ人間力の差ともいえるでしょう。

私は若き日、当時の新井社長より〝人間力をつけるには次の四つ、

一　歴史に学ぶ

二　本を読む

三　多くの人の話を聴く

四　他人と意見交換をする

このくり返し、積み重ねがあって少しずつ人間力が向上していくものだ〟と言

われました。私は、歴史は比較的好きであり、人様の話を聴くのも、意見交換をするのもまあまあと思っていましたので、〝新聞や週刊誌は読みますが、本を読む機会が少ないです〟と正直に答えましたら、〝ならば『致知』を読みなさい。あの本は人間学が学べる月刊誌だから……もっと言うと『致知』を読めば、他の本は読まなくてもよいぐらいだ！〟と……。

私は定年後、日本生産性本部の講師を一時していたことは前述しました。その五十周年記念式典に招かれたとき、牛尾治朗代表が挨拶された中に、昨今は人間力が益々必要な時代を迎えたとして、新井より教わった四項目を紹介されました。牛尾代表も新井も『致知』にはよく登場されていましたので確かめてはいませんが、ひょっとするとこの「人間力」も安岡先生のお考えだったのかナー…と……。自衛隊員の皆さんへの講義や他の研修のとき、〝人間力を向上させるには〟としてこの四項目を話させていただいたものです。

一方、安岡先生からは「人物学」について、古来の学問中で非常に重んぜられている解釈の説明を受けましたのでご紹介します。

〈人物の優れた段階〉

一　「深沈厚重《しんちんこうじゅう》」　深みがあって落ちついている。厚み重みがある。

これが東洋人物学では第一等

二　「磊落豪雄《らいらくごうゆう》」　大きな石がごろごろしている線の太い、貫禄、

つまり重み、厚みがある

三　「聰明才弁《そうめいさいべん》」　頭がよくて、才があって、弁舌が立つ。

これは人物の第三等

安岡先生によりますと、この三つが人物というものを観察・表現・解釈する古くから専門家に知られている一つの立派な基準であり、普通なら頭がいい、才がある、弁が立つ、などということは誰にでもわかる大変いいこと、優れたことだが、人物学という鑑識、評価からいうと第三等だ、ということです。

「重職心得箇条」第一条の中に「斯《かく》の如くにして重職の名に叶ふべし」とありますが、重職というものは、何となくどっしりとして重みがあって、その人がいると人々が落ちつく、という風でなければならない、ということでしょう。

此度、「重職心得箇条」を多くの方々に知っていただきたく筆を執りましたが、機会があれば、微力ながら今後も熱く語っていきたいと思います。

むすび

本書をお読み下さり有難度うございました。

またこんな政治家（国・地方）が……また無駄使いの役所が……また不正を内部告発された企業が……スポーツ界でも残念な事件が……等々、イライラや情けなさ、遣《や》る瀬なさの多い昨今です。「重職心得箇条」は現代でも、そして今後もリーダーのための生きた教材だと思い、具体例を入れて書くことになりました。

奈良の春日大社で「重職心得箇条」について語ったとき、出席者の方から黒田官兵衛の名言を教えていただきましたのでご紹介します。

「天罰より怖いもの：神の罰より主君の罰おそるべし。主君の罰より臣下の罰おそるべし。その故は、神の罰は祈りにてまぬかるべし。主君の罰は詫言して謝すべし。ただ、臣下百姓にうとまれては必ず国を失う」

そういえば大河ドラマでも、官兵衛が若き日の息子長政に〝民《たみ》・百姓にうとまれれば、国が滅びる〟と叱責していたシーンを思い出します。これも政事《まつりごと》をするものにとっては共通する大事な心得だと思います。

私は数え年で傘寿となりました。妻からは終活を始めるように…との命です。年賀状はもっと減らすこと、各種の過去の資料……誰も読まぬ書籍、誰も見ない写真も……等々が終活の対象です。〝本書ともう一冊（お笑いの本）を書き終えたら始めるよ……〟の約束です。もう一冊はゆっくりと…ゆっくりと……。

その妻は〝今さら本など出版しなくても！…〟と当初は猛反対……とは申せ、書いている原稿を覗きながら〝これ仮名をふったら…これも…〟との助言を取りいれました。今日迄の間、内助の功に心より感謝します。

原稿を書き終え、最終校正時に熊本・大分での大地震が発生しました。被災地の皆々様に心よりお見舞い申し上げます。

二〇一六年初夏

香川　昇

付録 「重職心得箇条」原文と口語訳

一　重職と申すは、家国の大事を取計べき職にして、此重《このじゅう》の字を取失ひ、軽々しきはあしく候。大事に油断ありては、其職を得ずと申すべく候。先づ挙動言語より厚重にいたし、威厳を養ふべし。重職は君に代るべき大臣なれば、大臣重ふして百事挙《あぐ》るべく、物を鎮定する所ありて、人心をしつむべし、斯《かく》の如くにして重職の名に叶ふべし。又小事に区々たれば、大事に手抜あるもの、瑣末《さまつ》を省く時は、自然と大事抜目あるべからず。斯の如くして大臣の名に叶ふべし。凡そ政事《まつりごと》名を正すより始まる。今先づ重職大臣の名を正すを本始となすのみ。

重役とは国家の大事を処理すべき役職であって、その重の一字を失い、軽々しく落ちつきが無いのは悪い。大事に際し油断があるようでは、この職は務まらない。先ず挙動言語から重厚にし、威厳を養わねばならない。重役は主君に代って仕事をする大臣であるから、大臣が重厚であって初めて、万事うまくゆくし、物事をどっしり定める所があって、人心を落ちつかせることが出来るものである。それでこそ重役という名に叶うのである。また小事にこせついていては大事に手抜かりが出て来る。小さな取るに足らない物を省けば自然と大事に抜け目が無くなるものである。このようにして初めて大臣という名に叶うのである。およそ政事《まつりごと》というのは名を正すことから始まる。今先ず重役大臣の名を正すことが政事の一番の本であり始めである。

二　大臣の心得は、先づ諸有司の了簡《りょうけん》を尽さしめて、是を公平に裁決する所其職なるべし。もし有司の了簡より一層能き了簡有りとも、さして害なき事は、有司の議を用るにしかず。有司を引立て、気乗り能き様に駆使する事、要務にて候。又些少の過失に目つきて、人を容《い》れ用る事ならねば、取るべき人は一人も無之様《これなきよう》になるべし。功を以て過《あやまち》を補はしむる事可也。又賢才と云ふ程のものは無くても、其藩だけの相応のものは有るべし。人々に択《よ》り嫌なく、愛憎の私心を去《す》て、用ゆべし。自分流儀のものを取計るは、水へ水をさす類にて、塩梅《あんばい》を調和するに非ず。平生嫌ひな人を能く用ると云ふ事こそ手際《てぎわ》なり、此工夫あるべし。

大臣の心得として、先ず部下、諸役人の意見を十分発表させて、これを公平に裁決するのがその職分であろう。もし、自分に部下の考えより良いものがあっても、さして害の無い場合には、部下の考えを用いる方が良い。部下を引き立てて、気持ち良く積極的に仕事に取り組めるようにして働かせるのが重要な職務である。また小さな過失にこだわり、人を容認して用いることが無いならば、使える人は誰一人としていないようになる。功をもって過ちを補わせることがよい。またとりたててえらいという程の者がいないとしても、その藩ごとに、それ相応の者はいるものである。択《え》り好みをせずに、愛憎などの私心を捨てて、用いるべきである。自分流儀の者ばかりを取り立てているのは、水に水を差すというようなもので、調理にならず、味もそっけも無い。平生《へいぜい》嫌いな人を良く用いる事こそが腕前である。この工夫がありたいものである。

三　家々に祖先の法あり、取失ふべからず。又仕来《しきたり》仕癖《しくせ》の習あり、是は時に従て変易あるべし。兎角目の付け方間違ふて、家法を古式と心得て除け置き、仕来仕癖を家法家格などと心得て守株《しゅしゅ》せり。時世に連れて動すべきを動かさざれば、大勢《たいせい》立ぬものなり。

家々には祖先から引き継いで来た伝統的な基本精神（祖法）があるが、これは決して失ってはならない。また、しきたり（仕来）、しくせ（仕癖）という習慣があるが、これは時に従って変えるべきである。とかく目の付け所を間違って、祖先伝来の家法を古くさいと考えて除けものにし、しきたり・しくせを家の法則と思って一所懸命守っている場合が多い。時世に連れて動かすべきものを動かさなければ、大勢は立たない（時勢におくれてしまって役に立たない）。

四　先格古例に二つあり、家法の例格あり、仕癖の例格あり、先づ今此事を処するに、斯様《かよう》斯様あるべしと自案を付、時宜《じき》を考へて然る後例格を検し、今日に引合すべし。仕癖の例格にても、其通りにて能き事は其通りにし、時宜に叶はざる事は拘泥すべからず。自案と云ふもの無しに、先づ例格より入るは、当今役人の通病なり。

昔からの習わしとか先例というものには二種類ある。一つは家法から来る憲法的なきまりであり、もう一つは因襲のきまりである。今、ある問題を処理する場合、こうあるべきだという自分の案を先ず作成し、時と場合を考えた上で習わしとか先例とかを調べて、これで良いかを判断しなければならない。単なる慣習からくる習わしや先例であっても、その通りで良い事はその通りにすれば良いが、時宜に合わない事には拘泥していてはならない。自案というものも持たずに、先ず古い習わしとか先例とかから入って行くのは、当今の役人の共通の病気である。

五　応機と云ふ事あり肝要也。物事何によらず後の機は前に見ゆるもの也。其機の動き方を察して、是に従ふべし。物に拘りたる時は、後に及でとんと行き支《つか》へて難渋あるものなり。

機に応ずということがあるが、これは重要なことである。何事によらず、後からやって来る機というものは事前に察知できるものである。その機の動きを察知してそれに従うがよい。物に拘っていて（この機をのがしたときに）は後でとんと行きつかえてどうにもならぬものである。

六　公平を失ふては、善き事も行はれず。凡《おおよ》そ物事の内に入ては、大体の中すみ見へず姑《しばら》く引除《ひきのい》て活眼にて惣体の体面を視て中を取るべし。

公平を失っては善い事すらも行われない。だいたい物事の内に没頭してしまうと、どこが中か隅かもわからなくなってくる。しばらく問題を脇に除けて、活眼でもって全体を見わたし、中を取るがよい。

七　衆人の厭服《えんぷく》する所を心掛べし。無利押付の事あるべからず。苛察《かさつ》を威厳と認め、又好む所に私するは皆小量の病なり。

衆人が服従することを厭がる所をよく察して、無理押付はしてはならない。きびしく人の落度などを追及することを威厳と考えたり、また自分の好むがままに私したりするのは、皆人物の器量の小さいところから生ずる病である。

八　重職たるもの、勤向繁多と云ふ口上は恥べき事なり。仮令《たとえ》世話敷とも世話敷と云はぬが能《よ》きなり、随分手のすき、心に有余あるに非れば、大事に心付かぬもの也。重職小事を自らし、諸役に任使する事能《あた》はざる故に、諸役自然ともたれる所ありて、重職多事になる勢あり。

重役たる者、仕事が多い、忙しいという言葉を口に出すことを恥ずべきである。たとえ忙しくとも忙しいといわない方が良い。随分、手をすかせたりして、心の余裕が無ければ、大事な事に気付かず、手抜かりが出るものである。重役が小さな事まで自分でやり、部下に任せるという事が出来ないから、部下が自然ともたれかかって来て、重役のくせに仕事が多くなるのである。

九　形賞与奪《よだつ》の権は、人主のものにして、大臣是を預るべきなり、倒《さかさま》に有司に授くべからず、斯の如き大事に至ては、厳敷透間《げんしきすきま》あるべからず。

形賞与奪の権は主君のもので、大臣がこれを預るべきであり、逆様《さか》に部下に持たせてはならない。このような大問題については厳格にして、ぬかりのないようにしなければならない。

十　政事《まつりごと》は大小軽量の弁を失ふべからず。緩急先後の序を誤るべからず。徐緩にても失し、火急にても過つ也、着眼を高くし、惣体を見廻し、両三年四五年乃至《ないし》十年の内何々と、意中に成算を立て、手順を逐《おう》て施行すべし。

政事においては大小軽量の区別を誤ってはならない。緩急先後の順序も誤ってはならない。ゆっくりのんびりでも時機を失することになり、あまり急いでも過ちを招くことになる。着眼を高くし、全体を見廻し、両三年、四、五年ないし十年の内にはどうしてこうしてと心の中で成算を立て、一歩一歩と手順を踏んで実行しなさい。

十一　胸中を豁大寛広《かつだいかんこう》にすべし。僅少の事を大造《たいそう》に心得て、狭迫なる振舞あるべからず。仮令《たとえ》才ありても其用を果さず。人を容《いれ》る、気象と物を蓄《たくわえ》る器量こそ、誠に大臣の体と云ふべし。

心を大きく持って寛大でなければならない。ほんのつまらぬ事を大層らしく考えて、こせこせとした振舞をしてはならない。たとえ素晴しい能力を持っていても、それではその能力を発揮させることが出来ない。人を包容する寛大な心と何でも受けとめることの出来る度量の大きさこそが、まさに大臣の大臣たる所というものである。

十二　大臣たるもの胸中に定見ありて、見込たる事を貫き通すべき元より也。然れども又虚懐《きょかい》公平にして人言を採《と》り、沛然《はいぜん》と一時に転化すべき事もあり。此虚懐転化なきは我意の弊を免れがたし。能々《よくよく》視察あるべし。

大臣たるもの胸中に一つ定まった意見を持ち、一度こうだと決心した事を貫き通すべきであるのは当然である。しかしながら心に先入主、偏見をもたないで公平に人の意見を受け入れ、さっとすばやく一転変化しなければならない事もある。この心を虚しうして意見を聞き一転変化することが出来ない人は、我意が強いので弊害を免れることが出来ない。よくよく反省せられよ。

十三　政事《まつりごと》に抑揚の勢を取る事あり。有司上下に釣合を持事あり。能々弁《よくよくわきま》ふべし。此所手に入て信を以て貫き義を以て裁する時は、成し難き事はなかるべし。

政事においては抑揚の勢とて、或は抑えたり、或は揚《あ》げたり調子をとらねばならぬことがあり、また部下上下の間に釣合を持たねばならぬこともあって、よくよくこれをわきまえねばならない。この所を充分心得た上で、信を以って貫き、義を以って裁いていけば、成し難い事は無いものである。

十四　政事《まつりごと》と云へば、拵《こしら》へ事繕《つくろ》ひ事をする様にのみなるなり。何事も自然の顕《あらわ》れたる儘《まま》にて参るを実政と云ふべし。役人の仕組事皆虚政也《しくむことみなきょせいなり》。老臣など此風を始むべからず。大抵常時は成《なる》べき丈《だけ》は簡易にすべし。手数を省く事肝要なり。

政事というとこしらえ事、つくろい事をするようにばかりなるものである。何事も自然に現れたままで行くのを実政というのであって、役人の仕組むような事は皆虚政である。殊《こと》に老臣などは役人の模範であるから、こういう悪風を始めてはならない。通常起る大抵の仕事は出来るだけ簡易にすべきである。手数を省くことが肝要である。

十五　風儀は上より起るもの也。人を猜疑《さいぎ》し蔭事を発《あば》き、たとへば誰に表向斯様に申せ共、内心は斯様なりなどゝ、掘出す習は甚《はなはだ》あしゝ。上に此風あらば、下必其習《したかならずそのならい》となりて、人心に癖《くせ》を持つ。上下とも表裡両般の心ありて治めにくし。何分此六《このむつ》かしみを去り、其事の顕《あらわ》れたるま、に公平の計ひにし、其風へ挽回《ひきまわ》したきもの也。

風儀というものは上の方から起って来るものである。人を疑ってかかり、隠されている事まで発《あば》き、例えば「誰某に表向このように言ったけれど、実はこうなのだよ」などとほじくり出す習いは非常に悪い事である。上にこのような風儀があれば、下は必ず見習い、人心に悪い癖がつく。上下ともに心に表裏が出来、治め難くなって来る。従ってこのようなむつかしみを去り、その事の現れたまま正直に公平にやれるようその風へ挽《ひ》き回したいものである。

十六　物事を隠す風儀甚あしゝ。機事《きじ》は密なるべけれども、打出して能《よ》き事迄も韜《つつ》み隠す時は却て、衆人に探る心を持たせる様になるもの也。

物事を何でも秘密にしようとする風儀は非常に悪い。大切な問題は秘密でなければならぬが、明け放しても差し支えの無い事までも包み隠しする場合には、かえって人々に探ろうという心を持たせるようになってくる。

十七　人君の初政は、年に春のある如きものなり。先人心《まずじんしん》を一新して、発《はっ》揚歓欣《ようかんき》の所を持たしむべし。形賞に至《いたり》ても明白なるべし。財帑窮迫《ざいどきゅうはく》の処より、徒《いたずら》に剥落厳沍《はくらくげんご》の令のみにては、始終行立《ゆきたた》ぬ事となるべし。此手心《このてごころ》にて取扱あり度《たき》ものなり。

人君が初めて政事をする時というのは、一年に春という季節があるようなものである。先づ人の心を一新して、元気で愉快な心を持たすようにせよ。形賞においても明白でなければならない。財政窮迫しているからといって寒々とした命令ばかりでは結局うまく行かないことになるだろう。ここを心得た上でやって行きたいものである。

〈参考文献〉

『人物・事業―住友生命―』（安岡正篤先生ご講演録）
月刊誌『致知』致知出版社
月刊誌『関西師友』関西師友協会
佐藤一斎言志四録手抄『彫板　名言録集』
岡山商工会議所百年史編纂特別委員会編『岡山商工会議所百年史』岡山商工会議所
岡山市百年史編さん委員会編『岡山市百年史資料編』岡山市
岡山県歴史人物事典編纂委員会編『岡山県歴史人物事典』山陽新聞社

【著者紹介】

香川 昇（かがわ・のぼる）

住友生命元理事

1937年	岡山県出身
1972年	住友生命武蔵野支社長就任後、京浜・高松支社長歴任 本社では、課長・部次長・部長として主に営業職員の指導・教育に当たる
1991年12月	出向　アークホテル岡山代表取締役社長
1996年４月	出向　アークホテル東京代表取締役社長
1998年３月	住友生命を定年退職
2004年４月	浦和東武ホテル会長
2005年10月 ～ 2007年３月	浦和東武ホテル相談役

定年退職後の主な講師歴

（公社）生命保険ファイナンシャルアドバイザー協会 特別講師

いずみアカデミー 講師

防衛省空幕業務管理講習所 特別講師

時事通信社・内外情勢調査会 講師

人《ひと》の上《うえ》に立《た》つものの17の心得《こころえ》
――佐藤一斎《さとういっさい》「重職《じゅうしょく》心《こころ》得《え》箇条《かじょう》」に学《まな》ぶ

2016年5月31日　初版発行

2016年9月15日　第２刷発行

著　者：香川 昇

発行者：松永 努

発行所：株式会社時事通信出版局

発　売：株式会社時事通信社

〒104-8178　東京都中央区銀座 5-15-8

電話03（5565）2155　http://book.jiji.com

カバー画像提供　岐阜県恵那市

装幀　江森恵子（クリエイティブ・コンセプト）

印刷／製本　中央精版印刷株式会社

ISBN978-4-7887-1455-7　C0095　Printed in Japan